# NOTICE

SUR

# LES VREVIN

## LIEUTENANTS GÉNÉRAUX

## AU BAILLIAGE DE CHAUNY

HL

**SE TROUVE A PARIS**

LIBRAIRIE AUGUSTE AUBRY

Rue Séguier, 18

1875

# NOTICE

SUR

# LES VREVIN

LIEUTENANTS GÉNÉRAUX

## AU BAILLIAGE DE CHAUNY

SE TROUVE A PARIS

LIBRAIRIE AUGUSTE AUBRY

Rue Séguier, 18

1875

Honfleur. — Imp: Henry-Lavaux aîné.

# LES VREVIN

## LIEUTENANTS GÉNÉRAUX

## AU BAILLIAGE DE CHAUNY [1]

Sous les Valois et pendant les règnes qui suivirent, on sait combien la magistrature fut grave et digne. On connaît le rôle prépondérant qu'elle joua dans les affaires politiques au sein de la société française du seizième siècle, et de quelles mœurs austères elle fit preuve au milieu de la dépravation générale. Sortie en partie du barreau, elle s'honorait à juste titre d'avoir à sa tête les Molé, les Séguier, les de Thou, les Achille de Harlay. Pour seconds elle reconnaissait des jurisconsultes tels que Charles Dumoulin, Pierre Pithou, Guy Coquille, Etienne Pasquier, René Chopin et, un enfant de Noyon, Antoine Lecomte, savants hommes, nourris des belles œuvres de l'antiquité et consultés comme les plus illustres oracles du droit.

(1) Joram Vrevin, né en 1552, mort en 1636, fils d'Antoine Vrevin et d'Antoinette de Troyes. Il eut six enfants : trois fils, Jean, Louis, Antoine, et trois filles.

Jean Vrevin, fils aîné du précédent, avocat au Parlement, mort à Paris en 1611. Il avait été Lieutenant particulier au bailliage de Chauny ; il céda son office à son frère Louis en 1611.

Louis Vrevin, frère du précédent, sieur d'Estay et de Guny, conseiller du roi, Lieutenant particulier puis Président et Lieutenant Général au Bailliage, mort à Paris en 1647 et inhumé dans l'église Saint-André-des-Arts. Il épousa, en 1624, Marie de Paris, morte en 1654. On a de lui les écrits suivants : *Traité des droits de quints et requints, lods et ventes*, paru en 1617, réimprimé en 1619, 1630 et 1639 ; l'*Enfer des Chiquaneurs*, sorte de pamphlet publié en 1617 et 1622 ; *Traité des Ajournements* (1618) ; *Observations sur le Code Henry* (1630) ; *Traité et Instruction pour les Despens, Taxe et Liquidation d'iceux* (1617 et 1639) ; *Commentaires sur la Coutume de Chauny* (1641, 1656 et 1728).

Ce n'est pas seulement sur les siéges du Parlement de Paris que l'on trouvait alors de ces personnages considérables, à la physionomie sévère et sympathique tout à la fois, doués d'un esprit droit, ferme et élevé qui les tenait à une égale distance des passions populaires et d'une complaisance coupable. A ceux-ci l'histoire a consacré une étude attentive et ils ont reçu d'elle tout ce qui leur était dû. Mais il semble que l'éclat de ces grands noms ait nui à d'autres hommes qui, mêlés aux mêmes événements, aux mêmes luttes, aux mêmes dissensions surent se montrer intègres, pressentant que leurs travaux, leur sagesse et leur patriotisme aboutiraient au bien commun du pays. Plusieurs de ces hommes sont moins connus qu'ils ne méritent de l'être. Magistrats respectés, enviés, craints même, légistes blanchis sur le Digeste, praticiens habiles, ils sont restés inconnus au-delà des limites du ressort de leurs bailliages. Il n'est point sans attrait de les tirer de l'oubli, d'éclairer leur grave figure, celle-ci dût-elle descendre un peu du piédestal où le temps l'a placée.

Élèves et, dans une position moins en vue, émules des Dumoulin et des Pithou, les Vrevin jouirent dans leur ville natale et dans la contrée avoisinante d'une notoriété incontestable. Ils la durent à Joram Vrevin qui, élu lieutenant général au bailliage par les trois états du pays, présenté au roi, et pourvu de cette charge en l'année 1590, garda son siége pendant près de cinquante ans. Ils la durent encore aux fils de celui-ci, à Jean Vrevin, avocat au Parlement, et intendant de la reine Marguerite de Valois ; à son frère, Louis Vrevin, l'auteur des *Commentaires* sur la Coutume de Chauny, lequel devint Lieutenant général en survivance de son père. Les uns et les autres eurent sur la population chaunoise une influence dont nous avons peine à nous faire une idée aujourd'hui. Ayant leurs liens, leurs racines sur le sol où ils rendaient la justice, ayant pour ainsi dire acheté le droit de rendre la justice, sollicités par une multitude de clients et entourés de la foule des procureurs, des notaires et des greffiers, ils virent la considération populaire s'attacher à leur nom, à leur caractère, à leur talent. Dans un temps troublé par les guerres civiles et religieuses, ils furent pour les esprits agités et incertains un exemple et un guide. Portant fièrement la devise de l'un des leurs : SVY VN SEVL ROY (1), ils s'efforcèrent, au milieu des excès de la Ligue, de conserver à Henri IV le dévouement de leurs concitoyens et ils y réussirent.

Bien qu'ayant disposé de la sorte d'une autorité héréditaire et quoique pourvus d'offices importants, les Vrevin n'auraient point échappé au sort réservé au plus grand nombre, nous voulons dire que leur nom se serait tout doucement effacé, si l'un d'eux n'avait pris le soin pieux de glisser dans ses ouvrages l'éloge pompeux de sa famille. Louis Vrevin s'est en effet complu à louer sa maison qui se piquait de bonne noblesse (2), à élever jusqu'aux nues son père, Joram Vrevin, et son frère, Jean Vrevin, éloquent avocat qui, sous les auspices du lieutenant civil François Miron, avait excellé tant au Châtelet qu'au Grand Conseil, « où il décochoit
» par ses paroles les sagettes des Muses, et comme un second
» Anthée reprenoit nouvelles forces non pas en touchant la terre
» mais s'élevant au Ciel, où ses paroles nous ravissoient non sur
» les ailes d'or d'Euripide, mais sur les célestes de Platon; qui
» portoient tous nos désirs jusqu'au Ciel, où la vertu fait sa
» demeure; nous rassassioient du délicieux miel de Pithon, du
» nectar de Caliope; purifioient nos oreilles, éclairoient les yeux
» de nos esprits, humectoient nos âmes d'une rosée dont la
» douceur éteignoit toutes amertumes. Bref, faisoit germer par
» son éloquence des fruits et des fleurs, qui apportoient une

(1) Louis Vrevin donne cette devise comme étant l'anagramme de son nom. — *Traité et Instruction pour les Despens, etc.*, p. 87.

(2) Les Vrevin furent confirmés en leur noblesse par lettres patentes du mois de janvier 1669. Ils portaient *d'azur au chevron d'hermines accompagné en chef de deux étoiles d'or et en pointe d'une grappe de raisin de même*, d'après le *Nobiliaire* d'Haudicquer de Blancourt, qui ne fait pas loi en ces matières.

» moisson digne de sa culture, et remplie d'amarantes, d'œillets
» et de lys. »

C'est en ces termes majestueux que Louis Vrevin parle de ses
proches. Ses périodes défilent devant les yeux de ses lecteurs à
pas cadencés, en perruques longues et en robes traînantes. Il a
l'enflure magistrale et le fatras d'érudition des avocats ses contem-
porains, dont l'ambition consistait à écraser leurs adversaires sous
le poids de citations savantes. M. le Lieutenant Général ne marche
qu'accompagné de toute l'antiquité sacrée et profane. Les Pères
de l'Église, de même que les Juristes de l'ancienne Rome, éclairent
ses plaidoyers. Que l'on prenne l'affaire la plus mince, une querelle
de succession, une plainte sur l'abus d'un canal en cours d'exécution, le procès s'agrandira sous sa main, l'orateur fera passer
devant la Cour, Senèque, saint Augustin, Homère, Vitruve, le
pape Sixte IV et Cléopâtre, Caligula, César, Pompée, Sémiramis,
les Machabées. En journalière familiarité avec ces personnages,
il leur demandera ses arguments les plus triomphants. Laissons-le
se donner carrière et sacrifier au goût de son temps, nous le
verrons bientôt, à propos de la mort de son père, citer l'empire
de la Grèce pleurant Alexandre et Rome pleurant César. Il le fera
avec l'allure la plus naturelle du monde, lançant à profusion ses
hyperboles, enflant sa voix au risque de la forcer.

Les principaux traits dont il s'est servi sont fidèles, quelques-
uns cependant paraissent exagérés. Son imagination l'a, semblé-t-il,
servi beaucoup ; elle a grossi des détails sans importance et
amoindri des faits que nous rappellerons, non point pour prendre
Louis Vrevin en flagrant délit d'injustice, mais pour montrer que
son langage s'est ressenti parfois de l'aigreur qui l'anima contre
des concitoyens jaloux. Il eut à se plaindre de ceux-ci ; les
fonctions de sa charge, qu'il remplissait sans doute avec une entière
impartialité, lui avaient créé des envieux, lui avaient valu plus
d'une taquinerie, plus d'un mécompte. On verra de quelle façon

il s'y prit pour se venger des uns et pour s'élever au-dessus des autres.

D'abord il a rapporté avec complaisance, et en s'y attardant plus que de raison, les bienfaits dont Chauny était redevable à sa famille. A l'en croire, de son temps Chauny se serait trouvé dépourvu d'établissements publics si les Vrevin ne se fussent rencontrés là à point. Cette ville aurait gardé des coutumes iniques et barbares si Joram Vrevin ne les eût réformées. Si les paroisses et les monastères subsistaient, c'était grâce aux legs, donations et fondations des Vrevin ses parents. Les religieuses de Sainte-Claire avaient quitté la besace grâce à M. Jean Vrevin. L'Hôtel-Dieu pouvait nourrir les indigents grâce à ce même Jean Vrevin, grâce aussi à M. Antoine Vrevin, le Père du peuple de Chauny. Enfin on avait vu un autre Vrevin policer la ville, rétablir la justice, remettre chacun dans le sentier du devoir et de l'obéissance légitime due au roi, travailler à l'accroissement des biens patrimoniaux, « bref remettre toutes choses, quoique renversées » et perverties, dans le chemin de la droiture et de l'équité. » C'était au plus grand de tous les Vrevin que l'on devait ces résultats inespérés, c'était à feu M. Joram Vrevin, en son vivant Conseiller du roi, Lieutenant Général, Civil et Criminel aux Gouvernement, Bailliage et Prévôté de Chauny, de qui l'on disait :

> Qui consulta patrum, qui leges, juraque servat.
> Quo multæ, magnæque secantur judice causæ.
> Quo responsore, et quo teste multa notantur.

Ce dernier à la fin de sa carrière aurait pu, paraît-il, se présenter devant ses concitoyens et leur dire : Soyez persuadés, ô Chaunois, que pendant le temps de ma charge, j'ai fait de marbre votre ville que j'avais trouvée de briques. Son fils a écrit avec l'assurance sublime qui lui est propre : « Chaulny disoit de mon père ce que » Rome disait de César : *marmoream me reliquit quam lateri-* » *tiam reperit.* »

A la suite de ces éloges d'une exagération si plaisante nous placerons la contre-partie, car il ne faudrait pas croire que les Vrevin eurent le monopole de la générosité. M. Antoine Vrevin, son petit-fils Jean Vrevin, firent en effet de larges donations aux paroisses et aux hôpitaux ; nous-même nous avons trouvé des traces de leurs legs : ceux-ci toutefois n'ont pas été aussi considérables que leur panégyriste veut bien le dire. Mais à l'époque où ils vivaient d'autres bourgeois également riches, également considérés, se sont montrés généreux envers les mêmes établissements, et ces derniers ne l'ont pas crié par-dessus les toits. Nous citerons entre autres deux membres de la famille de Théïs : Charles de Théïs, vivant en 1575, et son fils Claude. Le premier, allié à la famille Vaillant d'où est sorti un grand nombre de magistrats érudits, mit sa bourse au service de la municipalité dans un moment où les dernières guerres de religion avaient fortement endetté la ville. On avait alors entrepris la reconstruction des deux églises, celle de l'Hôtel de Ville et l'augmentation des remparts, et cela avec un très-grand zèle, beaucoup d'énergie mais peu d'argent. On avait encore été forcé de fournir des subsides à Henri IV qui assiégeait La Fère, de nourrir les nombreuses troupes pillardes qui campaient autour des murs et dans les environs, de payer des impôts excessifs, et plus tard de combattre autant que possible la misère effrayante qui pesait sur la population tant de la ville que des campagnes. Ce que dans de telles circonstances ces deux bourgeois, Charles et Claude de Théïs, donnèrent soit au maire, soit aux curés se chiffrerait par plusieurs dizaines de milliers de livres. Nous ne sachons pas qu'ils aient pensé nécessaire d'en informer la postérité.

D'où vient donc que Louis Vrevin n'ait point imité cette prudente réserve ? D'où vient qu'il ait vanté, au point d'en paraître ingénu, la haute position de sa famille, le beau caractère, le dévouement, l'intégrité de son père ? Serait-ce que Chauny parut oublier un instant la générosité des Vrevin? Mais ceux-ci étaient-ils bien venus à lui en faire un reproche? Louis Vrevin, à la vérité, a donné aux siens toutes les vertus, ce pourrait bien être là un trait qu'il conviendrait d'effacer.

Avocats de père en fils, ils se partageaient les charges du Bailliage et ils distribuaient à leurs alliés les Offices dont ils pouvaient disposer. Profitant ainsi des facilités que procuraient le droit des survivances et la vénalité des charges, abus toujours encouragés et tolérés même au mépris des lois, ils finirent par transformer les offices de judicature en une sorte de patrimoine qui passait de père en fils. Mais si l'hérédité des offices était garantie par l'État, elle rencontrait de la part des États-Généraux et des autorités civiles une opposition constante. Les Vrevin en firent l'expérience à leurs dépens. C'est ainsi que la mairie de Chauny, fatiguée de leurs empiètements et après avoir temporisé, se décida vers 1620 à entrer en lutte avec eux. Dans la guerre qui éclata à cette occasion, ce ne fut pas MM. les Lieutenants Généraux qui eurent le plus beau rôle.

Cette lutte intestine nous conduit directement au but que nous nous sommes proposé. Louis Vrevin en traçant en termes magnifiques le panégyrique des siens a-t-il cédé à un mouvement de vanité vulgaire? Ou bien a-t-il été guidé par un simple et naturel sentiment de piété filiale? Ou bien encore, au culte et aux traditions de famille associant le souvenir des injustices dont son père et lui-même prétendaient avoir été victimes, a-t-il obéi à une idée qui pour nous est restée dans l'ombre? En peu de mots voilà ce que nous voudrions démêler.

Tout d'abord et pour élargir le champ, nous écarterons la piété et l'amour filial. Sans doute on peut attribuer à ces deux sentiments le langage qui nous occupe. Son exagération même viendrait à l'appui d'une explication vraisemblable à coup sûr mais qu'il est vraiment trop facile de donner. Regardons-y de plus près, et, en rapprochant sans effort certains petits faits, peut-être toucherons-nous à la vérité.

Ici il faut se rappeler que Joram et Louis Vrevin eurent maille à partir avec la mairie de Chauny. Celle-ci peu endurante sur le chapitre de ses prérogatives, les condamna différentes fois à des amendes pour refus de service militaire. Il est juste d'ajouter qu'elle fut blâmée en cette circonstance et que les amendes furent levées par le Parlement. Toutefois l'accusation, les enquêtes, les poursuites et la condamnation n'en restaient pas moins comme un témoignage de la censure encourue. De plus, ces actes prouvaient à tous les yeux, et ils nous montrent, que le respect attaché à leurs fonctions n'était pas aussi universel qu'on serait tenté de le croire en lisant Louis Vrevin.

A n'en pas douter cette première attaque dut établir entre eux et la Mairie, même entre eux et la population, une suite de taquineries, de vexations, de rivalités, laquelle dégénéra en une guerre sourde où l'amour-propre placé de part et d'autre en première ligne de bataille reçut tous les coups.

Joram et Louis Vrevin eurent d'autres mécomptes. Le maire et les jurés qui avaient ouvert le feu les premiers payèrent d'audace et ne continrent plus leurs ardeurs belliqueuses. Dans de volumineux et fatigants mémoires adressés au Parlement en l'année 1622 et quelques années plus tard, MM. de la Ville dénoncèrent les empiètements tentés par les Vrevin, leur immixtion ouverte dans des affaires qui regardaient la juridiction municipale. Echos fidèles quoique adoucis peut-être des critiques de la ville entière, ils dirent que le père et le fils occupaient toutes les charges du siége; que, pleins de complaisance pour leurs parents et leurs alliés, ils réservaient à ceux-ci tous les offices; que, véritables rois dans la cité, ils imposaient leur volonté devant laquelle il n'y avait qu'à s'incliner.

L'expression de ces plaintes n'était pas faite, ce semble, pour rétablir l'union et ramener la paix.

La mauvaise humeur du maire et des jurés se trouva satisfaite un moment. Il survint un arrêt condamnant Louis Vrevin, réfractaire endurci, à endosser l'habit des compagnies bourgeoises, à prendre le mousquet et à faire le guet sur le rempart comme le premier bourgeois venu inscrit sur les rôles de la milice. En 1628 il survint un autre arrêt de la Cour du Parlement. Ce dernier visant les griefs de la mairie ordonna aux Vrevin « d'observer » en leurs taxes, salaires et vacations telles modérations et » retenues que les sujets du Roy en fussent soulagez, » maintint les maire, jurés et échevins en la possession et jouissance de toute juridiction civile, criminelle et de police au dedans de la ville et banlieue, et régla en même temps des droits de préséance. Cet arrêt, par ses principales dispositions, donnait gain de cause aux officiers municipaux.

A la suite de ces débats, tranchés par des règlements qui paraissaient à ses yeux injustes autant qu'excessifs, que dans l'âme de Louis Vrevin il soit entré de l'aigreur, de l'amertume, une certaine irritation et même de la rancune, cela peut aisément se concevoir et personne n'y contredira. A son ressentiment personnel qu'il soit venu se joindre la douloureuse affliction et l'indignation légitime de voir ses ingrats concitoyens briser, entre les mains de son père, l'autorité dont celui-ci avait fait un si excellent usage ; de les entendre s'acharner contre sa famille riche et considérée d'ailleurs et des plus importantes, quoi de plus probable et de plus naturel ?

Ces considérations une fois admises expliquent le langage du Lieutenant Général sans qu'il soit besoin d'insister.

Blessé dans son orgueil de magistrat et offensé dans ses affections les plus chères, triste autant qu'irrité, Louis Vrevin s'arme de la plume pour venger le nom des siens et sa propre mémoire.

De Paris, où il donne ses soins à la rédaction de ses *Commentaires,* prêtant l'oreille aux bruits qui lui viennent de sa ville natale, Louis Vrevin répond avec hauteur aux attaques des envieux, aux reproches des mécontents, aux cabales du maire et des jurés. Trop fier pour s'abaisser jusqu'à la plainte et trop habile pour laisser percer ses regrets, il oppose à des récriminations mesquines l'importance et le nombre des services rendus. Pour faire justice d'une population jalouse et oublieuse, il croit qu'il suffit de placer devant ses yeux la solennelle oraison funèbre de Joram Vrevin, de ce grand magistrat qui « s'étoit rendu tellement nécessaire » que sa mort avait été comme une éclipse, et qu'elle faisait dire de Chauny « ce qu'un Athénien disoit de l'empire de la Grèce après » la mort d'Alexandre, le comparant au Ciclope aveugle : *mons-* » *trum horrendum, informe, ingens, cui lumen ademptum.* » Comme à la vérité, ajoute-t-il, c'étoit notre lumière qui éclairoit » l'obscurité des causes ; c'étoit notre phare, qui découvroit la » malice des plaideurs ; c'étoit notre Soleil, qui relevoit par ses » raïons, les fleurs et les plantes, c'est-à-dire les pauvres et les » foibles abattus par la violence des Grands.

» Pleurez donc, Sapins, car ce Cèdre est chû ; mais ce n'étoit » point ce Cèdre de Phœnicie qui étoit violent, mais celui de » Liban plein de douceur et de suavité..... C'étoit ce Cèdre » propre à bâtir les Palais des Rois, lequel s'est toujours main- » tenu incorruptible contre l'injure du temps..... Caton disoit » qu'il étoit malaisé de rendre compte de sa vie devant les » hommes d'un autre siècle que de celui auquel on avoit vécu. » Mais la condition de feu M. Vrevin est beaucoup plus avanta- » geuse, car il a pour témoins de sa probité ses justiciables ; pour » spectateur de sa vertu tout le peuple tant de Chaulny que des » villes voisines, qui honorent sa mémoire et sa postérité, comme » celle de son Génie et de son Dieu tutélaire. »

A l'heure où le fils versé de si haut des larmes sur la tombe de son père, il adresse en même temps un conseil à la ville de Chauny, à l'heure où Louis Vrevin pleure et se souvient, l'image de ses parents défunts lui apparaît comme un regret et comme un avertissement. Aux louanges déjà effeuillées avec tant de profusion et à ses hyperboles il ajoutera d'autres louanges, mais il réservera ces dernières à son frère Jean « l'aîné de la maison, le lustre et » l'éclat d'icelle, » et elles contiendront une leçon. Il gourmandera Chauny ; il lui rappellera que ce frère a été le bienfaiteur universel de toute la ville, que la mémoire de celui-ci lui doit être à toujours en singulière recommandation, « pour ce que jamais homme n'a » fait tant de bien à la ville de Chaulny comme lui. »

L'exagération est évidente, mais l'apologie est complète. Générosité, probité, courage, science, vertu, toutes ces belles qualités, les deux Vrevin, au dire du troisième, les possédaient. Ils avaient été l'honneur de leur pays, sa gloire et son génie. Cependant l'envie à l'œil louche s'était attachée à leurs brillantes facultés ; elle les avait méconnues, attaquées, dénaturées. Joram Vrevin avait été représenté comme étant dur et ambitieux, lui « accessible » aux petits, affable à ses égaux et respectueux aux grands. » Injustice criante qui avait contristé la vieillesse du Président et porté dans le cœur de son fils de la lassitude et un profond découragement.

Est-il besoin d'aller plus loin ? Ne voit-on pas clairement à quelles consciences s'adressèrent les dithyrambes de Louis Vrevin ; à la tête de qui il les jeta avec une satisfaction qu'il a dissimulée ? Aucun mot amer, aucun reproche ne lui est échappé. A notre sens, les lignes élogieuses qu'il a consacrées à la glorification de sa famille ont été un cri de vanité mortifiée. Elles ont été pour lui une vengeance.

Ce n'est pas la seule qu'il se permit. Il réservait un dernier trait à l'adresse du maire et des jurés. Avec une habileté consommée, une joie maligne et beaucoup de bonhommie, il s'est servi des paroles mêmes de ceux-ci afin de léguer sa propre apothéose à la postérité. Ce sont ses adversaires d'hier, esprits prévenus, hostiles, animés d'une secrète jalousie qui comparaissent et déposent en sa faveur. Manœuvre adroite dont il se sert comme de la flèche du Parthe.

Peu de temps après la mort de son père, Louis Vrevin atteint de désenchantement, boudeur et chagrin, méditait d'abandonner ses charges, de quitter Chauny pour se fixer à Paris. « J'étois » résolu de me défaire de mes États, nous dit-il, mais les » fréquentes et journalières importunitez de ceux du païs, faites » tant par écrit que de vive voix, y jointes celles du peuple et » celles des Maires et Jurez, m'ont fait différer l'exécution de ce » dessein. » Il céda en effet aux importunités dont il parle et desquelles il semble se plaindre, bien qu'elles aient revêtu à son égard une forme assez douce, celle de la flatterie. Il consentit à conserver sa robe de premier magistrat. Mais pour que l'on n'ignore point qu'alors il sacrifiait ses convenances personnelles au bien public, il a eu le soin d'insérer dans son ouvrage la délibération prise par le Maire et les Jurés en cette occasion. En même temps que les termes de cette pièce expriment avec chaleur lès vœux de la ville dont le Maire se fait l'interprète, ils formulent des éloges auxquels M. le Lieutenant Général, ce nous semble, ne dut pas être tout-à-fait insensible.

En voici la teneur :

» Le dernier jour de Février 1639. Nous Maire et Jurez de la » ville de Chaulny, congregez et assemblez en la Chambre du » Conseil de la dite Ville, pour résoudre et délibérer des affaires » d'icelle : Sur le rapport à nous fait, que Monsieur Maître Loüis » Vrevin, Président, Lieutenant Général et Prevôt Royal par » réünion dudit Chaulny, se disposoit de quitter ses Charges, et » de se retirer en la ville de Paris, a été par nous résolu pour le » bien et utilité de la dite ville et des habitans d'icelle, en consi-

» dération de ce que le dit sieur Lieutenant est homme de probité
» notoire à un chacun, rendant bonne et brève Justice aux Sujets
» du Roi ; recommandable par ses mérites et doctrine, vivant en
» bonne réputation dans le païs, qu'il sera supplié pour le bien
» desdits habitans et du païs, de vouloir continuer l'exercice de
» ses Charges, et de se déporter de la volonté de s'en démettre,
» et de témoigner, comme il l'a fait jusqu'à présent, par ses
» bonnes actions et loüables déportemens en l'administration qu'il
» a faite de la Justice, le zèle qu'il a au bien de son païs et des
» habitans de la dite ville. Ce qui a été fait et exécuté au même
» instant par M. Antoine Berthault, Procureur d'Office d'icelle :
» en témoin de quoi, nous avons signé ces présentes, avec Pierre
» Pestel l'aîné, Greffier de la dite ville, et fait enregistrer aux
» Registres des délibérations d'icelle, les jour et an dessus dits.
» Ainsi signé, Benoît, Maïeur de la dite ville, et Pestel, Greffier
» d'icelle. »

Pour tout châtiment, Louis Vrevin imposa à ses adversaires
cette démarche qui a son côté piquant. Il suffit de rappeler qu'elle
fut proposée et qu'elle fut faite par les mêmes personnes qui,
dans un autre temps, avaient dénoncé à la Cour les visées ambi-
tieuses des Vrevin. A quelques années d'intervalle, la plume qui
avait causé de si cuisantes blessures se chargea elle-même de les
guérir. Il faut croire qu'elle y réussit, puisque Louis Vrevin
conserva l'office de Président et de Lieutenant Général au Bailliage
jusqu'à sa mort arrivée en l'année 1647.

Ch. BRÉARD,

**Membre du Comité Archéologique de Noyon.**